16 avril 1888 PN

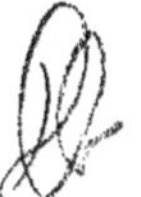

CATALOGUE D'ESTAMPES MODERNES

EN ÉPREUVES D'ARTISTE

AYANT APPARTENU

A feu M. Georges GLAIRON

Dont la vente aux enchères publiques aura lieu

HOTEL DES COMMISSAIRES-PRISEURS, RUE DROUOT, N° 9

SALLE N° 4

Les Lundi 16 et Mardi 17 Avril 1888

A DEUX HEURES PRÉCISES

Par le ministère de Me **JULES APPERT**, Commissaire-Priseur, successeur de Me MULON, rue de Rivoli, 55.

Assisté de **M. JULES BOUILLON**, Marchand d'Estampes de la Bibliothèque nationale, successeur de CLEMENT, rue des Saints-Pères, 3.

PARIS — 1888

CATALOGUE

D'ESTAMPES

MODERNES

EN ÉPREUVES D'ARTISTE

AYANT APPARTENU

A feu M. Georges GLAIRON

ouvrier imprimeur chez M. Chardon
mort en 1882.

Dont la vente aux enchères publiques aura lieu

HOTEL DES COMMISSAIRES-PRISEURS, RUE DROUOT, N° 9

SALLE N° 4

Les Lundi 16 et Mardi 17 Avril 1888

A DEUX HEURES PRÉCISES

Par le ministère de Me **JULES APPERT**, Commissaire-Priseur, successeur de Me MULON, rue de Rivoli, 55.

Assisté de **M. JULES BOUILLON**, Marchand d'Estampes de la Bibliothèque nationale, successeur de CLEMENT, rue des Saints-Pères, 3.

PARIS — 1888

CONDITIONS DE LA VENTE

Elle sera faite au comptant.

Les acquéreurs payeront *cinq pour cent* en sus des enchères, applicables aux frais.

Les Estampes composant cette Collection seront visibles chez M. J. Bouillon, 3, rue des Saints-Pères, les huit jours précédant la vente.

ORDRE DES VACATIONS

Lundi 16 Avril.... .... Nos 1 à 130

Mardi 17 — .... 131 à la fin.

A la fin de chaque vacation il sera vendu des Estampes en lots, non cataloguées.

DÉSIGNATION

ESTAMPES

APPIANI (d'après)

1 — Fastes de Napoléon Ier, peints par Andréa Appiani; dédiés à Sa Majesté Napoléon III, par Pietro Barboglio, In-fol. en portefeuille.

2 — Le même ouvrage, sans texte, en 1 vol. in-4 oblong, cart.

BALLIN (J.)

3 — La lecture, d'après Helsted. Epreuve d'artiste, sur chine.

BELLAY (Ch.)

4 — Les quatre Evangiles, d'après Raphaël (publié par la Société française de gravure). Epreuve d'artiste, sur japon.

5 — La Charité, statue du tombeau du général Lamoricière, d'après Paul Dubois. Deux épreuves d'artiste, sur chine, non collé.

6 — Paul *Baudry*. In-fol. Trois épreuves, sur japon et sur chine.

7 — Monsieur *Henriquel-Dupont*, — *Patin* (H.), — *Cochin* (A.). Trois portraits. Epreuves d'artistes, sur chine, une une est double, avec dédicace. Quatre pièces.

BERTINOT (G.-N.)

8 — La Vierge aux donateurs, d'après Van Dyck. Epreuve d'artiste, sur chine, avec dédicace.

9 — La Vierge, l'Enfant Jésus et saint Jean-Baptiste, d'après Bouguereau. Epreuve d'artiste, sur japon.

BERTINOT (G.-N.)

10 — Marguerite aux bijoux, d'après Merle. Epreuve d'artiste, sur chine, avec dédicace.

11 — Le sommeil, d'après Bouguereau. Epreuve d'artiste sur chine, avec dédicace.

12 — Pastorale, d'après Bouguereau. Epreuve d'artiste sur chine, avec dédicace.

13 — *Alliaume* (J.-B.-L. Athanase), — *Labbé* (P.-L.). Deux portraits in-4, épreuves sur chine.

14 — Antoine Van Dyck, d'après lui-même. Epreuve d'artiste sur chine, avec dédicace.

15 — La marquise de *Queux de Saint-Hilaire*, d'après Couderc, — Jules *Favre*, d'après Lefebvre, — Ernest *Picard*. Trois portraits ; épreuves d'artistes, dont une avec dédicace.

BERVIC (Ch.-Cl.)

16 — *Louis XVI*, roi des Français, d'après Calet. Belle épreuve.

BESSON (Ch.)

17 — La Jurisprudence, d'après Raphaël (publiée par la Société française de gravure). Epreuve d'artiste, sur chine, avec dédicace.

BIOT (G.)

18 — La Madonna della Scala, d'après le Corrège. Epreuve d'artiste, sur chine.

19 — Aglaé et Boniface touchés par la grâce divine, d'après Cabanel. Epreuve avant la lettre, sur japon.

20 — L'empereur *François-Joseph* et personnages divers. Cinq portraits in-fol. et in-8. Epreuves d'artistes, sur chine.

BLANCHARD (Aug.)

21 — Isabella or the pot of Basil, d'après Hunt.

22 — Les courses d'Epsom, d'après Frith. Epreuve d'artiste, sur chine, avec dédicace.

23 — Gounod, d'après Dubuffe. Epreuve avant la lettre.

BLANCHARD, RABOUILLE ET DEVEAUX

24 — Ambroise *Firmin-Didot*, — H. *Lebas*, d'après Cabanel, etc. Quatre portraits. Epreuves sur chine.

BRACQUEMOND

25 — *Didier Erasme*, d'après Holbein. Epreuve sur chine.

BULAND (Émile)

26 — Portrait de femme, d'après Holbein. Trois epreuves d'artistes, dont deux avec un croquis dans la marge du bas, représentant une tête de chien ; signées.

CALAMATTA (L.)

27 — La Vierge à la chaise, d'après Raphaël. Epreuve d'artiste, sur chine; vers la gauche, au dessous des franges de l'écharpe de la Vierge, une petite place blanche.

28 — La même estampe. Epreuve d'artiste, sur chine, avec dédicace.

29 — Françoise de Rimini, d'après Scheffer. Epreuve sur chine, avec dédicace.

30 — Lisa Gioconda, d'après L. de Viuci. Epreuve d'artiste, sur chine.

31 — La même estampe. Epreuve sur chine, avec dédicace.

32 — Monsieur et Madame *Marcotte*, d'après Ingres. Deux portraits in-fol.

33 — *Victor-Emmanuel*, roi d'Italie, — Le duc d'*Orléans*, d'après Ingres. Deux portraits.

34 — Georges *Sand*. Epreuve sur chine.

CERONI

35 — Portraits de femmes célèbres du règne de Louis XIV, d'après les émaux de Petitot. Epreuves sur chine, non collées. Onze pièces.

36 — Portraits, d'après les émaux de Petitot, et femmes célèbres du siècle de Louis XV. Dix pièces. Epreuves d'artistes, dont plusieurs doubles, imprimées en bistre.

DANGUIN (J.-B.)

37 — Le Christ au tombeau, d'après André del Sarte (publié par la Société française de gravure). Deux épreuves d'artiste, sur chine, avec dédicace.

38 — La Charité, d'après André del Sarte (publié par la Société française de gravure). Epreuve d'artiste, sur chine, avec dédicace.

39 — Le Parnasse, d'après Mantegna. Deux épreuves d'artiste, sur chine, dont une avec dédicace.

40 — La maîtresse du Titien, d'après le Titien (publié par la Société française de gravure). Epreuve d'artiste sur chine, avec dédicace.

41 — Portrait de femme, d'après Rembrandt (publié par la Société française de gravure). Deux épreuves avant la lettre, sur chine, une est avec dédicace.

DANSE (Aug.)

42 — La folie du peintre Van der Goes, — Les protestants à l'église. Deux pièces, d'après Wauters.

DEBLOIS (Ch.-Alph.)

43 — La becquée, d'après de Jonghe, — Jours heureux, d'après Chaplin. Deux pièces. Epreuves d'artiste, sur chine, avec dédicace.

44 — La chasse, — La pêche. Deux pièces faisant pendants, d'après Rudaux. Epreuves d'artiste, sur chine, avec dédicace.

45 — Le concert, d'après Terburg (publié par la société française de gravure). Epreuve d'artiste, sur chine, avec dédicace.

46 — Ophélie, — Marguerite. Deux pièces faisant pendants, d'après J. Bertrand. Epreuves d'artiste, sur chine, avec dédicace.

DEBLOIS (Ch.-Th.)

47 — Le baiser, d'après Carolus Duran. Epreuve d'artiste, sur chine.

DEBLOIS (Ch.-Th.)

48 — Mort de Manon Lescaut, — Mort de Virginie. Deux pièces faisant pendants, d'après J. Bertrand. Epreuves avant la lettrs, dont une avec dédicace. Une est double. Trois pièces.

49 — An ancien Custom, d'après Edwin Long, — Etude de jeune homme nu, assis. Deux pièces. Epreuves d'artistes, avec dédicace.

DESVACHEZ (D.-J.)

50 — La Visitation, d'après Sebastien del Piombo. Epreuve d'artiste, sur chine, avec dédicace.

51 — La Vierge au livre, d'après Raphael. Epreuve d'artiste avec dédicace. — La Sainte Famille, d'après Navez, sur chine. Deux pièces.

52 — Le dernier soupir du Christ, d'après Rubens. Epreuve d'artiste, sur chine.

53 — Angélique, d'après Ingres, — Aveugle à la porte d'une église, d'après Dyckmans. Deux pièces. Epreuves d'artiste, sur chine, avec dédicaces.

54 — Charles Ier, roi d'Angleterre, d'après Van Dyck. Epreuve d'artiste, sur chine.

DIVERS

55 — Vues de la Terre sainte, par divers artistes, pour un ouvrage publié chez Plon. Vingt et une pièces.

56 — Sous ce numéro, il sera vendu trente et un portraits, par Bellay, Ceroni, Biot, Nargeot, Ficquet, Bertonnier, Bein, Flameng, Delannoy, Aristide Louis, Fleischmann, Lauwers, etc. En grande partie, épreuves d'artistes, sur chine.

DORÉ (G.)

57 — Rossini sur son lit de mort. Epreuve sur chine.

DUBOUCHET (H.-J.)

58 — La barque de Caron, d'après Michel-Ange, — B. *Castiglione*, d'après Raphael, — Terpsichore, d'après P. Baudry. Trois pièces avec dédicaces, sur chine; les deux dernières sont épreuves d'artiste.

DUJARDIN (Héliog.)

59 — Tombeaux élevés en France aux militaires morts pendant la guerre 1870-1871. Quatre-vingt-cinq pièces in-4.

EICHENS (Hermann)

60 — Le saut de loup, — Déjà parti, — Le premier pas, d'après Vely. Trois pièces. Epreuves d'artiste, sur chine, avec dédicaces.

FLAMENG (L.)

61 — Andromède, d'après Ingres. Deux épreuves d'artistes, sur chine, une avec dédicace, et l'autre portant le bon à tirer.

62 — *Rubens*, d'après lui-même. Deux épreuves d'artistes, sur japon.

FORSTER (F.)

63 — *Raphael*, d'après lui-même. Epreuve avant la lettre, sur chine.

FRANCK (J.)

64 — La Vierge aux lys, d'après L. de Vinci, — Le Christ sur les genoux de sa mère, d'après Van Dyck. Deux pièces. Epreuves d'artistes, sur chine, avec dédicaces.

65 — Descente de croix, d'après Rubens. Epreuve d'artiste, sur chine, avec dédicace.

66 — Saint Martin secourant un pauvre, d'après Van Dyck. Epreuve d'artiste, sur chine, avec dédicace.

67 — Paul et Virginie, d'après Van Lerius, — La Glycine, d'après Portaëls. Deux pièces. Epreuves d'artistes, sur chine, avec dédicaces.

FRANCK (J.)

68 — La première culotte, d'après Kretzschmer, — Judas errant, d'après Thomas. Deux pièces. Epreuves d'artistes, avec dédicaces.

69 — Le duc de *Morny*, d'après A. Robert, — L'impératrice *Charlotte*. Deux portraits in-fol. Epreuves d'artistes, sur chine, avec dédicaces.

FRANCK ET **DESVACHEZ**

70 — Un regret, d'après Robert, — La princesse *Charlotte*, de Belgique, d'après Winterhalter. Deux pièces. Epreuves avant la lettre, sur chine.

FRANÇOIS (ALPH.)

71 — Louis *Vitet*, de l'Institut, d'après L. Roux, — Monsieur *Henriquel-Dupont*. Deux portraits. Epreuves sur chine, avec dédicace.

FRANÇOIS (J. ET ALPH.)

72 — Pèlerins sur la place Saint-Pierre, d'après Paul Delaroche, — Pic de la Mirandole, d'après P. Delaroche. Deux pièces. Epreuves d'artistes, sur chine, avec dédicaces.

GAILLARD (F.)

73 — La Vierge de la maison d'Orléans, d'après Raphael. Epreuve d'artiste, sur chine.

74 — La Vierge et l'enfant Jésus, d'après Boticelli. Epreuve d'artiste, avant toute lettre, sur chine, avec dédicace.

75 — La même estampe, même état.

76 — Saint Sébastien. Deux épreuves d'artiste, sur chine, avant la signature à la pointe dans le bas.

77 — La même estampe. Epreuve d'artiste, sur chine, avec dédicace et la signature à la pointe dans le bas.

78 — Saint Philibert, vignette in-8. Epreuve sur chine.

79 — Œdipe, d'après Ingres. Epreuve d'artistes sur chine, avec dédicace.

GAILLARD (F.)

80 — Académie d'homme. Epreuve sur chine.

81 — Tête de cire du musée de Lille, d'après Raphael. Cinq épreuves d'artiste, dont trois sur chine.

82 — L'homme à l'œillet, d'après Van Eyck. Epreuve d'artiste avec le nom du graveur à la pointe vers le bas de la gravure à droite, sur chine, avec dédicace.

83 — La même estampe. Epreuve d'artiste, sur chine. Le nom du graveur est écrit à la pointe au milieu de la marge du bas.

84 — La même estampe. Deux épreuves sur chine.

85 — Henri, comte de Chambord. Epreuve d'artiste, avec les fleurs de lys blanches. Dans la marge du bas, on lit écrit à la pointe : « Au Roi ». Sur chine, avec dédicace.

86 — Le même portrait. Epreuve d'artiste, sur chine. Les mots : « Au Roi » sont effacés.

87 — *Pie IX*, pape. Epreuve d'artiste, avec le nom *Pivs IX* en lettres blanches, sur chine, avec dédicace.

88 — Le même portrait. Epreuve d'artiste, mais avec la figure très éclaircie et les lettres ombrées de tailles horizontales, sur chine, avec dédicace.

89 — Le même portrait. Epreuve avant la lettre, sur chine.

90 — *Léon XIII*, pape. Epreuve première d'essai, mais terminée. En bas, vers la gauche, une série de neuf X ; sur chine, avec dédicace.

91 — Le même portrait. Epreuve d'artiste ; les X sont effacées et remplacées par la signature de l'artiste ; sur chine.

92 — Le même portrait. Epreuve d'artiste avec la signature de l'artiste au milieu ; la physionomie changée et les cheveux derrière l'oreille effacés, sur chine.

93 — Le même portrait. Epreuve sur chine.

94 — Dom *Prosper Guéranger*, abbé de Solesmes. Epreuve d'artiste, sur chine.

GAILLARD (F.)

95 — Le même portrait. Epreuve d'artiste, sur chine, avec le nom du graveur écrit à la pointe au milieu du bas. Signé.

96 — Le même portrait. Epreuve avant la lettre, sur chine, avec les armes.

97 — Mgr *Pie*, évêque de Poitiers. Epreuve d'artiste, sur chine, signée.

98 — Le même portrait, même état.

99 — Le même portrait. Epreuve d'artiste sur chine, imprimée en bistre. Le nom de l'artiste est écrit à la pointe, dans le bas à gauche.

100 — Le comte de *Melun*. Epreuve sur chine. Rare.

101 — *Chateaubriand*, d'après Girodet. Epreuve avant la lettre, sur chine, avec dédicace.

102 — *Mistral*, d'après Hébert. Epreuve sur chine.

GILBERT (A.)

103 — On the alert, — A foraging party. Deux pièces faisant pendants, d'après Rosa Bonheur.

GIRARDET (P.)

104 — Le Portement de croix, d'après sir Noël Paton. Epreuve avant la lettre, sur chine.

GOUTIÈRE (Tony)

105 — *Napoléon Ier*, — *Louis XVIII*, — *Laplace* (P. S.), — La reine *Hortense*, — et portraits divers. Dix pièces. Epreuves d'artistes sur chine, dont six avec dédicaces.

HAUSSOULIER

106 — Sainte Marie l'Egyptienne, — Le Bienheureux Zozimus raconte aux moines la vie de sainte Marie l'Egyptienne. Deux pièces d'après les peintures de Chasseriau à Saint-Philippe-du-Roule. Epreuves d'artiste sur chine.

107 — L'Odalisque et l'Esclave, d'après Ingres, — Femme nue couchée, d'après Amaury Duval. Deux pièces. Epreuves d'artiste sur chine.

HENRIQUEL-DUPONT

108 — La Vierge tenant sur ses genoux l'Enfant Jésus, d'après Raphaël. Publié par la Société française de gravure. Epreuve d'artiste sur chine.

109 — Fragment de l'Hémicycle du palais des Beaux-Arts. Deux épreuves.

110 — P.-J. *Cavelier*, d'après Dupuis.

111 — André *Chenier*, d'après Suvée. Deux épreuves sur chine.

112 — Le vicomte Henri *Delaborde*, 1877. Deux épreuves.

113 — Le comte *Duchâtel*, d'après Flandrin. Epreuve d'artiste sur chine, avec dédicace.

114 — Mirabeau à la tribune, d'après P. Delaroche.

115 — Le comte de *Montalivet*. Deux portraits différents. Epreuves d'artiste sur chine.

116 — La duchesse d'Orléans. In-12. Epreuve sur chine.

117 — Baron James de Rothschild, d'après Flandrin. Epreuve sur chine.

118 — Le lieutenant général comte Philippe de *Ségur*. Epreuve sur chine.

119 — Ernest *Seillière*. Deux exemplaires. Epreuves sur chine.

120 — A. *Tardieu*, d'après Ingres, — *Rachel*, d'après Lehman. Deux portraits.

HUOT (A.)

121 — Les Sindics d'Amsterdam (publié par la Société française de gravure). Epreuve d'artiste sur chine, avec dédicace.

122 — Le Poète florentin, d'après Cabanel. Epreuve d'artiste sur chine, avec dédicace.

123 — Le Joueur de violon, d'après Raphaël. Epreuve d'artiste sur chine, avec dédicace.

HUOT (A.)

124 — Une Muse, d'après Lesueur. Epreuve d'artiste sur chine, avec dédicace.

125 — La Cigale, d'après J. Lefebvre. Epreuve d'artiste sur chine, avec dédicace.

126 — Ophélie, — Joueuse de Mandoline. Deux pièces faisant pendants, d'après J. Lefèvre. Epreuves d'artistes sur chine, avec dédicaces.

127 — La Bonne nouvelle, d'après Toulmouche. Epreuve d'artiste sur chine, avec dédicace.

HUOT ET BERTINOT

128 — Phryné, — Pénélope. Deux pièces faisant pendants, d'après Marchal. Epreuves d'artiste sur chine, avec dédicaces.

129 — Les mêmes estampes. Epreuves avec la lettre.

JACQUAND (d'après CLAUDIUS)

130 — Histoire de la Vierge, peintures murales exécutées par Claudius Jacquand, église Saint-Philippe-du-Roule, à Paris. 1 vol. in-fol., cart.

JACQUET (ACHILLE)

131 — Pieta, d'après Bouguereau. Epreuve d'artiste sur chine, avec dédicace.

132 — Eve, d'après une peinture italienne. Trois épreuves d'artiste sur chine, dont une avec dédicace.

133 — Flore, — Psyché. Deux pièces faisant pendants, d'après Cabanel. Epreuve d'artiste sur chine.

134 — Flore. Epreuve d'artiste sur chine, avec dédicace.

135 — Le Courage militaire (statue du monument érigé au général Lamoricière), d'après Paul Dubois. Epreuve d'artiste sur chine, avec dédicace.

JACQUET (J.)

136 — Les Echevins de la ville de Paris, d'après le tableau de Largillière, à Saint-Etienne-du-Mont. Epreuve d'artiste sur chine, avec dédicace.

137 — L'Amour qui vient, d'après J. Aubert. Deux épreuves d'artiste sur chine, avec dédicaces.

138 — Les Muses. Deux compositions différentes, d'après le Sueur (publiées par la Société de gravure). Epreuves d'artiste sur chine, avec dédicaces.

139 — Une pièce double des précédentes. Epreuve d'artiste sur chine, non collé.

140 — L'Invocation, — Le Sacrifice. Deux pièces faisant pendants, d'après Hector Leroux. Epreuves d'artiste, avec dédicaces, sur chine.

141 — Esmeralda, d'après Cabanel. Deux épreuves d'artiste sur chine, avec dédicace.

142 — Femme nue sur des nuages, d'après Lefèvre. Epreuve d'artiste, sur chine.

143 — Gloria victis, d'après Mercié, — La Jeunesse (statue du tombeau de Regnault), d'après Chapu. Deux pièces. Epreuve d'artiste sur chine, avec dédicaces.

144 — Mme Récamier, d'après David. Epreuve d'artiste, sur chine, avec dédicace.

JAZET

145 — Course des chevaux à Rome, d'après H. Vernet.

KELLER (J.)

146 — Madonna di san Sisto, d'après Raphaël. Epreuve sur chine.

LAMOTTE (Alph.)

147 — Laissez venir à moi les petits enfants, d'après Ary Scheffer. Epreuve d'artiste, sur chine, avec dédicace.

LAMOTTE (Alph.)

148 — L'Immaculée Conception, d'après Murillo. Deux épreuves d'artiste, avec croquis représentant le portrait de Murillo dans la marge du bas ; une est sur japon et l'autre sur chine, avec dédicace.

149 — Mignon, d'après Lefèvre. Deux épreuves avant la lettre, sur chine, signées.

150 — Andromède, d'après Ingres. Epreuve d'artiste, sur chine, avec dédicace.

151 — La Source, d'après Ingres. Epreuve sur chine non entièrement terminée.

152 — Le jour des étrennes, — Les petits gourmands. Deux pièces faisant pendants. Epreuves d'artiste, sur chine, avec dédicaces.

153 — Le marché des Innocents, — Une guinguette au dix-huitième siècle. Deux pièces faisant pendants. Epreuves d'artistes, sur chine, avec dédicaces.

154 — Le volontaire d'un an, d'après Lobrichon. Deux épreuves d'artiste, sur chine, dont une avec dédicace.

155 — Les noces d'argent, — La fête du centenaire. Deux pièces faisant pendant. Epreuves d'artistes, sur chine, avec dédicaces.

LAUGIER

156 — La Vierge au lapin blanc, d'après le Titien. Epreuve d'artiste sur chine, avec dédicace.

157 — Léonidas au passage des Thermopyles, d'après David Epreuve avant la lettre, sur chine.

LEDOUX (Aug.)

158 — Saint Augustin et sainte Monique, — Jésus au jardin des Oliviers. Deux pièces d'après Ary Scheffer. Epreuves d'artistes, sur chine, signées.

LEENHOFF (T.)

159 — Loth sortant de Sodome, d'après Rubens (publié par la Société française de gravure). Deux épreuves d'artiste, sur chine.

LEHMANN (d'après H.)

160 — Galerie des fêtes de l'hôtel-de-ville de Paris. Peintures murales exécutées par Henri Lehmann, en 1853, détruites par l'incendie de 1871. Vingt-huit planches gravées d'après les cartons et sous la direction de l'auteur, par MM. Levasseur, Danguin, Morse et Dubouchet. Grand in-fol en feuilles.

LELLI (L.)

161 — Erection en croix, d'après Rubens. Epreuve avant la lettre, sur chine, avec dédicace.

LEMUD (A. de)

162 — Le rêve de Beethoven. Deux épreuves d'artiste, sur chine ; une est avec dédicace.

LEVASSEUR (J.)

163 — Le ravissement de saint Paul, d'après N. Poussin (publié par la Société française de gravure). Epreuve d'artiste, sur chine.

164 — Les joueurs, d'après le tableau de P. de Hooch, du musée du Louvre (publié par la Société française de gravure). Epreuve d'artiste, sur chine, avec dédicace.

165 — Ma sœur n'y est pas, d'après Hamon, — L'enterrement d'un petit oiseau, d'après E. Lejeune. Deux pièces. Epreuves d'artiste, sur chine, avec dédicaces.

166 — Les Cervarolles, d'après Hébert. Epreuve avant la lettre, sur chine, avec dédicace.

167 — Étude de paysage, d'après Rudaux. Epreuve d'artiste sur chine, avec dédicace.

168 — L'éducation d'Achille. — Fermeture de chasse. Deux pièces faisant pendants, d'après J.-M. Claude. Epreuves d'artiste, sur chine, avec dédicaces.

LEVASSEUR (J.)

169 — L'affût, d'après Van Muyden. Epreuve d'artiste, sur chine, avec dédicace.

170 — Jeune femme assise sur un mur. Epreuve d'artiste, sur chine.

171 — La Jeunesse et l'Amour, d'après Bouguereau. Epreuve d'artiste sur chine, avec dédicace.

172 — Le Printemps, — L'Automne, d'après H. Merle. Deux pièces faisant pendants. Epreuves d'artistes, sur chine, avec dédicaces.

173 — Les premières funérailles, d'après Barrias. Deux épreuves d'artiste, sur chine, signées.

174 — La Pensée (statue du tombeau de Daniel Stern), d'après Chapu. Epreuve sur chine, avec dédicace.

175 — Le docteur *Demarquay*, d'après Cabanel. In-fol. Epreuve avec dédicace.

176 — Mlle *Healy*, d'après Healy, — Mme *Massard*, — Mme *Schneider*. Trois portraits. Epreuves sur chine, dont deux avec dédicaces.

177 — L'Infante Isabelle, d'après Van Dyck, — La Vierge aux raisins, d'après Mignard. Deux pièces. Epreuves d'artistes, sur chine, avec dédicaces.

178 — *Lavoisier*, — *Laboulaye* (Ed.), — *Massard* (Mme). Trois portraits, in-8 et in-4. Epreuves d'artistes, sur chine, dont deux signées, avec dédicaces.

LEVASSEUR ET LAMOTTE

179 — Mme *Fay*, — M. et Mlle *Ansard*. Trois portraits in-4. Epreuves sur chine.

LÉVY (G.)

180 — L'adoration de la Vierge, d'après Paul Véronèse. Epreuve d'artiste, sur chine, avec dédicace.

181 — Le silence de la Vierge, d'après Carrache. Epreuve d'artiste, sur chine, avec dédicace.

LÉVY (G.)

182 — La cruche cassée, d'après Greuze. Epreuve d'essai, avant la bordure, sur chine. — La même. Epreuve d'artiste, sur chine, avec dédicace.

183 — *Béranger*, d'après Sandoz, — *Crémieux,* d'après Lecomte du Nouy. Deux portraits. Epreuves d'artistes, sur chine ; la première avec dédicace.

MANDEL (Éd.)

184 — *Charles Ier*, d'après Van Dyck. Epreuve avant la lettre, sur chine.

MARTINET (Achille)

185 — Jésus et la femme adultère, d'après Le Sueur (publié par la Société française de gravure). Epreuve d'artiste, sur chine, avec dédicace.

186 — Saint Paul prêchant à Ephèse, d'après Le Sueur, — Martyre chrétienne, d'après Heim. Deux pièces. Epreuves d'artiste, sur chine, avec dédicaces.

MASSARD (J.)

187 — *Le Brun* (Mme Vigée) et sa fille, d'après elle-même. épreuve d'artiste, sur chine, avec dédicace.

MASSARD (L.)

188 — Le bagage de Croquemitaine, d'après Lobrichon. Epreuve d'artiste, sur chine.

189 — Enid, et le pendant. Études de deux têtes de femme, d'après Hicks. Epreuves d'artiste, sur chine, signées.

190 — Victor *Hugo*, d'après Bonnat. Trois épreuves d'artistes, sur chine, dont une avec dédicace.

191 — F. *Habeneck*, — H. *Vernet*, etc. Trois portraits in-fol. dont deux avant la lettre. Epreuves sur chine.

MEISSONIER (d'après)

192 — Les bons amis, — Le sergent recruteur, — Défilé de troupes. Trois pièces, par Revel, Blanchard et Hedouin.

MEISSONIER (d'après)

193 — Les œuvres de M. E. Meissonnier, reproduits par la photogravure. Epreuves sur chine, avant la lettre. Cinquante-deux pièces.

MELOIS (L.)

194 — Les œuvres de miséricorde, d'après le tableau de Norblin à l'église Saint-Gervais. Epreuve sur chine, avec dédicace.

METZMACHER

195 — M. *Thiers*, — *Velasquez*. Deux portraits in-fol. Epreuves d'artistes, sur chine.

196 — Le Pape *Pie IX*, — S. M. l'Impératrice *Eugénie*, — Le maréchal de *Mac Mahon*, — José Zalazar *Ylarregui*. Quatre portraits. Epreuves sur chine, dont deux avant la lettre. Le portrait du Pape est avec dédicace.

MICHIELS (J.)

197 — Trentaine de Bathel de Haze, d'après Leys. Epreuve d'artiste, sur chine, avec dédicace.

MORSE (A.)

198 — Venus Anadyomène, d'après Ingres. Epreuve d'artiste, sur chine, avec dédicace.

199 — Une collaboration (Molière et Corneille), d'après Jérôme. Epreuve d'artiste, sur chine, avec dédicace.

200 — La même estampe. Deux épreuves d'artistes, sur chine.

201 — La Toilette de la Mariée. Épreuve d'artiste, avec croquis dans la marge du bas, signée, sur chine.

202 — Le comte d'*Hoym*. Epreuve d'artiste; sur chine.

203 — *Pouyer-Quertier*, ministre des finances, 1871-1872. Epreuve sur chine.

NARGEOT ET PANNIER

204 — *Marie-Antoinette*, — *Raphaël*, — *Bossuet*, — Monsieur *Thiers*, etc. Cinq portraits, dont trois avant la lettre.

PELÉE

205 — *Lamartine*, in-fol. Epreuve avant la lettre, sur chine.

RAJON

206 — Joséphin *Soulary*, in-8. Epreuve avant la lettre.

REGNAULT

207 — *Lamartine* (Marie-Anne-Elisa de), in-4. Belle épreuve.

RICHOMME (J.-T.)

208 — Adam et Eve, d'après Raphël. Epreuve d'artiste, sur chine volant.

209 — La Vierge de Lorette. Epreuve sur chine volant.

210 — Triomphe de Galatée, d'après Raphaël, — Thétis portant l'armure d'Achille, d'après Gérard. Deux pièces faisant pendants. Épreuves sur chine.

ROUSSEAUX (E.)

211 — Le Christ et saint Jean, d'après Ary Scheffer. Epreuve d'artiste, sur chine, avec dédicace.

212 — Martyre chrétienne, d'après Paul Delaroche. Deux épreuves d'artiste, sur chine; une est avec dédicace.

213 — Trois figures en l'air, d'après le Corrège, (publié par la Société française de gravure). Épreuve d'artiste, sur chine, avec dédicace.

214 — Portrait d'homme, d'après Francia. Deux épreuves d'artiste, sur chine, dont une avec dédicace.

215 — Madame de *Sévigné*, d'après Nanteuil (publié par la Société française de gravure). Epreuve d'essai, sur chine, avec dédicace.

216 — Le même portrait. Epreuve avec la lettre, sur chine.

217 — *Louis XVI*, — *Marie-Antoinette*, — *Madame*, — *Maniel* (Jacques). Quatre portraits in-4. Epreuves avant la lettre.

SALMON (Adolphe)

218 — Le Triomphe de l'Empereur, d'après le plafond peint par Ingres à l'Hôtel de ville. Epreuve d'artiste, sur chine.

219 — Napoléon en empereur romain, d'après Ingres. Epreuve d'artiste, sur chine, avec dédicace.

220 — Le Concert champêtre, d'après le Giorgion, — le Sauveur. Deux pièces. Epreuves d'artiste, sur chine.

221 — Portrait d'une dame avec sa fille, d'après Ingres. Epreuve d'essai, avec dédicace.

SANDOZ (d'après)

222 — Portraits, par divers graveurs, pour illustration des Classiques publiés chez Hachette. Dix pièces. Epreuves avant la bordure, sur chine.

223 — Portraits de la même collection. Epreuves d'artistes, avec la bordure ; sur chine. Dix pièces.

SOCIÉTÉ FRANÇAISE DE GRAVURE

224 — 1° Portrait d'homme, par A. Salmon, d'après Rosso ;
2° L'Amour sacré et l'Amour profane, par J. Jacquet, d'après Titien ;
3° Le Christ succombant sous la croix, par Bertinot, d'après Le Sueur ;
4° La Vierge tenant l'Enfant Jésus sur ses genoux, par Martinet, d'après Raphaël ;
5° Mgr *Darboy*, par Bertinot, d'après Lehman ;
6° Le Mariage mystique de sainte Catherine, d'après Memling, par Alph. François;
7° L'Adoration des Mages, par Levasseur, d'après B. Luini.
8° Le Christ mort, par Rossello, d'après Ph. de Champagne ;
9° Rebecca et Isaac, par Lamotte, d'après L. Robert.
Neuf pièces. Epreuves avant la lettre, sur chine.

225 — Trois pièces doubles des précédentes. Epreuves avant la lettre, sur chine.

THÉVENIN (J.-C.)

226 — Suzanne au bain, d'après le Corrège. Épreuve d'artiste sur chine, avec dédicace.

TROYON (d'après)

227 — Troupeau de vaches à l'abreuvoir. Épreuve d'artiste, sur chine.

VALLOT (G.-J.)

228 — Entrevue de Napoléon et de François II, après la bataille d'Austerlitz. Épreuve sur chine, avant la lettre, — Bonaparte avant la bataille des Pyramides. Deux pièces, d'après Gros.

229 — Napoléon visitant le champ de bataille d'Eylau, d'après Gros. Épreuve d'artiste, sur chine.

VIGNETTES

230 — *Béranger.* Vignettes et portrait pour les Œuvres de Béranger, d'après Charlet, Lalaisse de Lemud, etc. Cinq pièces. Épreuves d'artiste, sur chine.

231 — *Bernardin de Saint-Pierre.* Portrait et vignettes pour *Paul et Virginie*, édition Curmer. Epreuves d'artiste, sur chine non collé, six pièces.

232 — *Bida* (d'après). Suite de 29 gravures, dont un portrait d'après Landelle, par divers graveurs, pour les Œuvres d'Alfred de Musset. Épreuves d'artiste, sur chine, tirées de format in-foi.

233 — La même suite, même état et même condition, sauf une pièce qui est tirée sur plus petit format.

234 — *La Fontaine* (Contes de). Les vingt estampes dessinées par Fragonard et Touzé, pour l'édition de F. Didot l'aîné, Paris 1795, réduites et gravées à l'eau forte par T. de Marc. Troisième état, avant la lettre, japon. Vingt-deux pièces.

235 — *Sainte Bible.* Vignettes d'après divers artistes, pour la Sainte Bible. Épreuves d'artiste, en partie sur chine. Vingt-huit pièces.

WALTNER

236 — Forbidden fruit, d'après Millais.

WEBER (F.)

237 — L'Amour sacré et l'Amour profane, d'après Titien. Épreuve d'artiste, sur chine, avec dédicace.

238 — *Amerbach*, d'après Holbein. Épreuve d'artiste, sur chine, ayant servi de modèle pour le tirage.

239 — Le même portrait. Épreuve d'artiste, sur chine, avec dédicace.

240 — Erasme, d'après Holbein. Epreuve d'artiste, sur chine, avec dédicace.

241 — Le même portrait. Épreuve avant la lettre, sur chine.

242 — Le prince et la princesse de Galles, d'après Winterhalter. Deux portraits. Epreuves avant la lettre, avec dédicaces.

243 — *Frédéric-Guillaume*, prince impérial d'Allemagne, — *Hagenback* (Carl. Rud.), etc. Quatre portraits in-4. Epreuves sur chine, dont une avec dédicace.

244 — *Stehlin* (Joh. Jacob). In-4. Epreuve sur chine.

WILLEMANN (Éd.)

245 — Jeune enfant cueillant des fleurs, d'après Knauss, — Jeune fille au bord d'un ruisseau, d'après Van Camp. Deux pièces, faisant pendants. Epreuves d'artiste, sur chine, avec dédicaces.

246 — Folle et Mitte, — Diane et Blonde, chiennes de Louis XIV. Deux pièces faisant pendants, d'après Desportes. Epreuves d'artiste, sur chine.

247 — Les mêmes estampes. Epreuves du même état, avec dédicaces.

248 — Printemps, Matin, — Été, Midi. Deux pièces, d'après Léon Cognet. Epreuves d'artiste, sur chine; une est double avant la bordure. Trois pièces.

WILLEMANN (Éd.)

249 — Vues de villes d'Allemagne. Trois pièces. Epreuves sur chine; une est avec dédicace.

250 — Une pièce double des précédentes. Epreuve d'artiste, sur chine, avec dédicace.

251 — Les grands Paysages. Quatre pièces. Epreuves d'artiste, sur chine.

252 — Une pièce double des précédentes. Epreuve d'artiste.

253 — Les petits Paysages. Seize pièces. Epreuves d'artiste, sur chine.

254 — Panorama de la ville de Paris, — vues de villes d'Allemagne. Trois pièces. Epreuves d'artiste, sur chine.

255 — Sous ce numéro, il sera vendu 265 estampes diverses, sujets religieux et de genre, sujets historiques, chasses etc., etc.

Imp. D. Dumoulin et Cie, rue des Grands-Augustins, 5, à Paris.

www.ingramcontent.com/pod-product-compliance
Lightning Source LLC
LaVergne TN
LVHW010310230826
846091LV00007BB/2809

* 9 7 8 2 3 2 9 4 9 9 8 5 7 *